AF259782

LE GOUVERNEMENT

DE LA

DÉLIVRANCE

PARIS

LIBRAIRIE DE LA SOCIÉTÉ BIBLIOGRAPHIQUE

MAURICE TARDIEU, DIRECTEUR

35, rue de Grenelle

1880

LE GOUVERNEMENT

DE LA DÉLIVRANCE

ÉVREUX, IMPRIMERIE DE CHARLES HÉRISSEY.

LE GOUVERNEMENT

DE LA

DÉLIVRANCE

PARIS

LIBRAIRIE DE LA SOCIÉTÉ BIBLIOGRAPHIQUE

MAURICE TARDIEU, DIRECTEUR

35, rue de Grenelle

—

1880

LE GOUVERNEMENT

DE

LA DÉLIVRANCE

I

La République est usée, quoique les républicains paraissent triomphants. On peut calculer combien il leur reste de fautes à commettre, mais la mesure est suffisamment comble pour les honnêtes gens. On peut discuter sur le genre de mort qui mettra fin à un régime dont la France, devenue sceptique en passant par tant de révolutions, avait consenti à faire un troisième essai; mais il n'est pas un homme d'État en Europe qui, à cette heure, ne regarde la succession comme ouverte.

La division des partis monarchiques, l'inexpérience et l'indécision des royalistes non dirigés firent la république, quand les républicains regardaient la partie comme perdue. Les républicains victorieux, en abusant à outrance de leur fortune, ont reformé l'union de leurs adversaires. Les honnêtes gens de tous les partis, enfermés dans la même « prison », également persécutés et honnis, pareillement menacés, n'ont plus qu'une pensée : s'affranchir ensemble, qu'un but commun : sortir par la porte, par la fenêtre, par le toit, de cette prison où ils étouffent. La coalition des honnêtes gens est accomplie, et le gouvernement qu'ils appellent de leurs vœux, s'ils ne le préparent pas encore par des efforts virils, a déjà son nom tout indiqué : le Gouvernement de la Délivrance. Le mot a été prononcé, il est juste, il répond aux aspirations générales, et je l'adopte.

II

Quel peut être le Gouvernement de la Délivrance?

On me dit que le prince Jérôme gagnerait du
terrain. Je n'en crois pas un mot. Le prince Jérôme ne possède absolument rien de ce qui a pu
rallier à l'Empire les honnêtes gens bien ou mal
inspirés; il n'a pas en mains la force matérielle,
et ses antécédents militaires ne permettent pas de
supposer un instant qu'il soit capable de la con-
quérir. Il n'a pas davantage la force morale; ses
idées très connues sont aux antipodes de ce que
le dernier Empire pouvait offrir de garanties con-
servatrices au pays, et sa personne est entièrement dépourvue de prestige. Le prince Jérôme
représente exactement tout ce qu'il y a de pire
dans la république démocratique et sociale; il
est plus radical, plus antireligieux, plus persé-

cuteur, plus rebutant que Gambetta. Or, on ne réagit pas contre les excès d'un régime par des similaires. Mettez Tibère à la tête de la Convention ou de la Commune, la Convention et la Commune seraient-elles moins intolérables? Je n'insiste même pas; on ne s'attarde point à combattre un fantôme.

III

On prétend qu'il y a encore des orléanistes. J'affirme que l'orléanisme gouvernemental n'existe plus. Nous connaissons des amis des princes d'Orléans de diverses catégories, les uns conservateurs avant tout, les autres instinctivement révolutionnaires. C'est un vestige du passé, ce n'est point une réserve d'avenir. Les princes d'Orléans ont repris et gardent leur rang dans la Maison de France, ils ne sont, ni ne se feront prétendants ; ils monteront à cheval derrière leur aîné. Leur attitude est discutable, mais elle n'a rien d'incorrect. Que ceux qui s'en plaignent disent quand et comment ces princes ont refusé quelque chose à qui avait autorité pour le leur demander. Mais ceci est une digression. Ce dont il suffit de prendre acte, c'est que les princes d'Orléans n'aspirent pas à la succession de la République.

IV

Que reste-il donc en face de la République mourant de ses seules fautes?

La monarchie nationale et héréditaire, la vraie monarchie, la monarchie sans épithète. C'est de la monarchie seule que nous pouvons attendre le Gouvernement de la Délivrance. Quand la monarchie prit en 1814 la France épuisée, elle rendit à notre patrie la vie, la force, la dignité, la prospérité intérieure, l'influence extérieure ; elle la restaura, et ce gouvernement a dans l'histoire le nom si mérité de Restauration. Aujourd'hui persécutés, traqués, enfermés, enfumés dans la « prison », nous réclamons de l'air et de la lumière ; c'est sous la forme d'une libératrice que la monarchie se présente à nous, c'est une mission de délivrance qu'elle aura d'abord à remplir.

Peut-elle s'acquitter de cette tâche, nous demandera-t-on? Elle-même est-elle possible, ajouteront les découragés et les incrédules?

Si la monarchie ne pouvait pas, qui pourrait? Si la monarchie était non seulement impuissante mais impossible, quelle ressource resterait donc à la France? N'a-t-on pas essayé de tous les expédients, et devrions-nous conclure que la nation est finie?

Que faut-il pour constituer ce Gouvernement de la Délivrance?

Un chef et des hommes, et un principe par surcroît. Je dis par surcroît, parce que nombre de nos concitoyens ne sont pas persuadés comme nous de l'excellence des principes. A nos yeux, les principes ne se remplacent pas; ce que l'on fait en dehors d'eux est fragile et passager; mais nous nous mettons, pour raisonner, au point de vue des hommes qui, sans conviction et sans parti pris, se sont successivement ralliés au Gouvernement de juillet, à la république de 1848, au second empire et à la république actuelle, ne cherchant que le possible, et prêts à se joindre aussi à nous, s'il leur est démontré que nous sommes possibles. C'est à ceux-là que je viens dire : non seulement nous sommes possibles, mais il n y a de possible que nous, et nous sommes prêts. Le pays ne sera pas pris au dépourvu; nous sommes là, attendant le suicide de la république; tous les éléments du Gouvernement de la Délivrance sont sous la main de qui peut, doit et veut les utiliser.

V

Et d'abord nous avons un homme, un chef, un roi. Pour nous, royalistes d'hier et d'aujourd'hui, ce roi représente un principe ; c'est le droit replacé au sommet de la société pour faire régner le droit partout et entre tous, et remplacer la tyrannie du nombre, la souveraineté sauvage de la force.Pour l'immense majorité des Français, persuadés qu'un peuple ne se passe pas de religion, c'est un chrétien. Pour les libéraux, c'est, en dépit de leurs préjugés, l'auteur du plus beau programme de libertés honnêtes, tout disposé à reprendre le mouvement réformateur entravé et faussé par la Révolution qui, depuis, a fait banqueroute. Pour les patriotes, c'est le fils de ceux qui ont fait la France, l'aîné de la famille que Napoléon appelait « la Famille française », le nom qui personnifie la primauté de la France en Europe. Pour l'armée, c'est le chef qui n'a jamais

consenti aucune capitulation ni abaissé son drapeau. Pour le conservateur, c'est le gage de la sta-
bilité. Pour l'ouvrier, l'industriel, le commerçant,
c'est le travail. Pour tous, y compris ses adversaires, c'est le plus honnête homme de son temps.
J'ai là sous la main un monceau de témoignages
empruntés à tous les organes de la presse hostile,
proclamant cette intégrité de caractère. Tous les
adversaires ont dit tour à tour : c'est un homme !
Et connaît-on un autre homme pour qui aient dé-
posé tant de témoins, des témoins si peu suspects ?
Dans un temps où, à défaut de principes, on s'en-
goue pour les hommes, où l'on attend tout des
hommes, comment récuserait-on le plus honnête
homme, comme insuffisant ?

Que les idées du roi soient à la convenance de
tous et de chacun, personne ne peut rêver cet
idéal. Les amis du Gouvernement de juillet
étaient-ils unanimes à approuver les vues de
Louis-Philippe ? Les impérialistes les plus fidèles
applaudissaient-ils sans réserve à toute la politique
de Napoléon III ? Suppose-t-on que les légitimistes adoptent en tout la manière de voir de Mon-
sieur le comte de Paris, à qui nul d'entre eux
cependant ne marchandera son obéissance ? S'ima-
gine-t-on même que les royalistes les plus dévoués
se croient tenus à partager tous les jugements de

M. le comte de Chambord ? Nous sommes plus larges et plus indépendants que cela. Mais il nous semblerait illogique et déraisonnable que ceux qui ont essayé de tous les expédients pussent se refuser à éprouver enfin l'efficacité d'un principe, et qu'après avoir si longtemps cherché des hommes on écartât seulement celui que l'on avoue être le plus droit de tous.

VI

Avec le roi, nous avons, pour constituer le
Gouvernement de la Délivrance, le grand parti
des honnêtes gens, dont les royalistes, il est juste
de le reconnaître, forment le noyau.

On ne se rend peut-être pas assez compte de
la force et des ressources gouvernementales de ce
qu'on appelle improprement le parti royaliste.
Voilà un demi-siècle que la royauté est exilée,
un demi-siècle que les royalistes ont cessé d'être
au pouvoir et qu'ils se sont, pour la plupart, re-
tirés des emplois. C'est plus de temps qu'il n'en
faut pour pulvériser un parti. Si les royalistes
n'étaient qu'un parti, ce parti n'existerait plus.
Un parti ordinaire ne résiste pas à cinquante années d'effacement. Et pourtant il est plus vivace
qu'au lendemain de sa défaite de 1830 ; ses forces actuelles sont décuples de ses forces ostensi-
bles de 1814, quand s'opéra le réveil subit de

l'opinion publique en faveur des Bourbons ; il n'a fait que pénétrer plus avant dans le sol, quand on l'écrasait à la surface. Il ressemble au chêne dont on mutile les branches et le feuillage sans détruire sa sève, et qui pousse dans la terre des racines presque immortelles, en attendant que son tronc reverdisse pour abriter de ses rameaux ombreux de nouvelles générations.

Depuis cinquante ans les royalistes vaincus ont été les plus solides soutiens de la société, le vrai fonds social de la France. Ils se sont mêlés plus activement, plus constamment qu'aucun autre parti, à toutes les œuvres sociales. Malgré les préjugés répandus contre eux, lorsqu'on signale un homme de bien, le public est instinctivement porté à croire que c'est un royaliste. Dans chaque commune, s'il se trouve une famille recommandable par ses traditions, par ses mœurs, par sa bienfaisance, on lui prête des sentiments royalistes, lors même qu'elle ne les afficherait pas. La fortune est bien réduite dans le parti royaliste, et pourtant ce sont presque toujours les royalistes qui sont en tête des listes de souscription, sans préjudice de tout le bien dont les plus notables d'entre eux assument discrètement la charge perpétuelle dans les communes rurales. Les royalistes ont donné depuis cinquante ans des sommes incalculables, non seulement pour leur cause, mais pour celle de Dieu, pour l'utilité du pays, pour le service de leurs concitoyens.

Quand on les croyait inertes, parce qu'ils ne couraient pas les places, les royalistes renouvelaient le sol. C'est à eux que l'agriculture doit la plus grande part de ses améliorations. Je me souviens d'avoir lu naguère, dans un journal de province, une interminable liste de noms légitimistes qui, en ce dernier quart de siècle, ont remporté les primes d'honneur et les médailles d'or des concours agricoles. Je résiste à la tentation de copier quelques-uns de ces noms.

Si les royalistes ne tiennent pas autant de place dans l'industrie et le commerce, ils ont du moins maintenu, mieux que personne, les traditions de probité et d'honneur, et si l'on cite en France, des usines modèles où règne la concorde entre patrons et ouvriers, pendant que la lutte sévit presque partout entre le capital et la main-d'œuvre; ce sont des usines ayant à leur tête des royalistes chrétiens. Ici encore il serait facile de produire des noms. Qui aussi s'occupe de la régénération morale des ouvriers? Toujours des royalistes chrétiens. Les noms sont au bout de notre plume. Quel parti a donc autant travaillé pour féconder la terre des aïeux et pour réaliser

la paix sociale? Cela ne vaut-il pas mieux que
d'avoir disputé les emplois publics et d'avoir par-
ticipé à la responsabilité de ceux à qui la France
doit sa décadence politique?

Ah! certes, les royalistes ne sont point parfaits,
et je sais bien où est le faible du parti. S'ils
avaient été doués d'une audace égale à celle de
leurs adversaires, depuis longtemps ils auraient
escaladé le pouvoir. Mais peut-être le succès n'eût-
il point été de bon aloi. La France n'est pas une
maîtresse que l'on enlève, si complaisante se mon-
tre-t-elle pour qui ose. Ce respect, cette retenue,
cette *inhabileté* si l'on veut, sont justement une
garantie contre l'esprit d'exclusivisme ; les autres
partis procèdent par voie de conquête ; celui-là a
pris une trop longue habitude de l'abnégation
pour l'oublier subitement le jour de la réconcilia-
tion nationale.

VII

Les royalistes, ai-je dit , forment la meilleure partie de la nation ; même en temps de paix et en pays de suffrage universel, la qualité vaut bien la quantité.

Que l'on regarde l'armée. Beaucoup de généraux et d'officiers supérieurs sont ouvertement royalistes, sans compter ceux qui le sont à l'état latent. A mesure que l'on gravit la hiérarchie patriotique, on trouve plus aisément des officiers royalistes, les uns d'instinct ou de famille, les autres instruits par les évènements ou dégoûtés du régime républicain qui humilie et désorganise l'armée. Qui sert la France, me sert, a dit le roi. Qui défend mieux l'armée, ses chefs et sa discipline, que la presse royaliste? Est-il un vrai soldat, blanchi au service du pays, qui n'ait reçu des royalistes des témoignages de respect et de sympathie, quels que soient son passé, ses attaches, ses préférences personnelles, et qui ne fût assuré d'un accueil plein de considération et d'empressement de la part du roi? Les Bourbaki, les Chanzy, pour en nommer au moins deux, seraient-ils nulle part plus haut placés que dans une France royale? Le triomphe de la cause royaliste sera avant tout le triomphe du principe d'autorité, principe sans lequel il n'est pas d'armée. Si, pendant la Restauration, alors que survivait le prestige des victoires napoléoniennes, l'armée française s'est serrée autour du drapeau royal, même quand on la tentait sur la Bidassoa avec un autre drapeau, si elle a repris alors l'épopée de gloire en Espagne, à Navarin, en Morée, en Afrique, que ne ferait-elle pas demain, commandée par les princes de la Famille qui a conquis toutes les provinces, y comprises l'Alsace et la Lorraine, et quand il n'y a plus, pour la solliciter, ni empire, ni empereur, ni légende impériale! Si l'on excepte les soldats politiciens, les officiers d'antichambres parlementaires, ceux qui dissolvent la défense nationale, ceux qui n'ont remporté de victoires que sur les aumôniers, ceux qui remplacent la discipline, le talent, l'esprit de sacrifice par le chant de la *Marseillaise*, nous ne voyons dans l'armée personne qui puisse raisonnablement se défier de la Monarchie ou lui porter ombrage.

L'esprit militaire se perd, hélas! et il faudra le ranimer, même en conservant la paix; car le duc de Raguse l'a dit justement : le jour où notre nation n'aurait plus son ancien esprit militaire, elle descendrait plus bas qu'aucune autre; mais nulle part il n'est mieux maintenu que parmi les royalistes. Qu'une cause généreuse réclame les dévouements, le sang royaliste est le premier et souvent le seul à s'offrir. Demandez au Saint-Siège qui est allé mourir pour lui! Et, en 1870, qui a honoré la défaite par l'esprit chevaleresque et l'abnégation? Gambetta lui-même ne pouvait contenir son admiration, et, quelques jours avant la signature de la paix, il disait dans une proclamation : «... Légitimistes qui vous battez si vail-« lamment sous le drapeau de la République, pour « défendre le sol du vieux royaume de France. »

Je n'ai nulle inquiétude du côté de l'armée : elle sera le plus ferme rempart du Gouvernement de la Délivrance organisé par la Monarchie.

VIII

La magistrature du Gouvernement de la Délivrance n'est pas à chercher; elle se composera des magistrats qui ont eu en ces derniers temps l'honneur de la révocation, de ceux qui ont préféré la démission à la forfaiture, de ceux qui sont menacés, de ceux qui savent se tenir impassibles sur leurs sièges. Mais j'espère qu'on rejettera ceux qui, dans une juridiction quelconque, doivent leur fortune à une secte et se seraient faits les instruments de la tyrannie jacobine. Quelques traits de plume pour rayer et pour réintégrer suffiront à rendre à chaque magistrat la dignité et la sûreté de sa position. Combien, parmi ces magistrats issus de tous les régimes, combien suppose-t-on qu'il s'en rencontrera pour refuser le serment à la royauté? Je n'en connais pas. Et comme le Gouvernement de la Délivrance ne demandera à aucun d'eux des services politiques, un juge intègre, quelle que soit son origine, a tout ce qu'il faut pour rendre la justice au nom du Roi.

IX

Le Gouvernement de la Délivrance ne sera jamais « le gouvernement des curés. » Mais pour l'œuvre moralisatrice et sociale, qui doit se poursuivre en même temps que l'œuvre politique, un clergé hostile serait un grave obstacle. A-t-on rien de semblable à craindre? Les Bourbons n'ont pas nommé un seul des évêques vivants, tout le clergé date de régimes postérieurs à 1830. Et cependant l'épiscopat et le clergé sont presque entièrement légitimistes. Si éloignés qu'ils vivent des agitations politiques, si exclusivement religieuse que soit leur mission, il se trouve que dans aucune classe de la nation on ne compte tant de royalistes. C'est qu'aucune classe n'est aussi instruite, aussi vertueuse. A mesure que l'on monte plus haut sur l'échelle du mérite, de l'intelligence et de la moralité, on rencontre plus de royalistes, et si par hasard on signale un prêtre imbu de préjugés républicains, le bons sens public s'étonne et se défie. Descendez au contraire l'échelle sociale, passez par les bas-fonds où grouillent tous les vices, entrez dans un bagne, là on serait sûr de réussir un plébiscite républicain à l'unanimité des voix.

X

Si je parle du clergé catholique, c'est que le
catholicisme est le culte de l'immense majorité
des Français. Mais il est bien entendu que la
plus complète liberté de conscience est assurée
aux citoyens. Depuis trop longtemps nous défen-
dons la liberté pour ne pas l'apprécier et l'aimer.
Nous ne voulons pas de cette licence effrénée qui
prépare le désordre de la rue par le désordre des
idées, et que certains gouvernements ont parfois
encouragée comme épouvantail ou dérivatif, mais
nous ferons en sorte que les libéraux qui vien-
dront à nous n'aient pas de scrupules de « par-
jure », qu'ils ne puissent pas nous reprocher de
demander leur concours pour une honteuse « be-
sogne » ; nous ne mesurerons pas parcimonieuse-
ment l'air libre à M. Jules Simon et à ses amis
restés fidèles sous la République à la cause de la
liberté, et nous ne lui donnerons pas l'occasion

de monter indigné à la tribune pour savoir « si la liberté existera ou n'existera pas en France. »

Ce sont aujourd'hui les royalistes chrétiens qui défendent la liberté; ce sont eux qui crient : vive la liberté! Ils ont reconquis le mot de ralliement qui fut si longtemps tourné contre eux.

C'est dans la liberté, à l'ombre de l'égalité devant la loi, sans privilèges, mais aussi dans la plénitude du droit individuel ou collectif, sous la surveillance de l'État, que pourront se mouvoir une multitude d'associations utiles, dont le concours social est précieux à tout gouvernement réparateur : associations de bienfaisance, associations de secours mutuels, associations de défense des intérêts, associations professionnelles, associations de travail, d'économie, d'enseignement, opérant à ciel ouvert. C'est avec ces associations, plus que par les rigueurs judiciaires, et moyennant quelques dispositions à introduire dans l'énumération des cas d'incapacité électorale, que l'on pourra, ce me semble, combattre efficacement les sociétés secrètes, fléau de tout gouvernement.

XI

Pour les préfectures, pour toutes les administrations, les légitimistes, longtemps éloignés des affaires, ne peuvent présenter un personnel complet. Depuis dix années cependant, un certain nombre d'entre eux ont acquis l'expérience et la pratique en traversant les emplois. Dans le Parlement, les royalistes, malgré leurs fautes et leurs défaites, tiennent un très haut rang; pourquoi déploieraient-ils moins de talents dans les administrations civiles? « L'épuration » les a jetés dehors; mais les hommes qui ont fait leurs preuves ne sont point oubliés, et l'on sait où les retrouver à l'heure où le pays aura besoin de ses bons serviteurs. Je n'ai garde d'imiter la jactance de ceux qui disaient avec solennité : « il ne nous manque pas même un bouton de guêtres », et je tromperais mes lecteurs si j'affirmais qu'il ne nous manque pas un garde champêtre; mais ce dont je puis, sans témérité et sans indiscrétion, donner l'assurance, c'est que le pays ne sera pas abandonné le jour de l'effondrement du régime républicain, c'est que le Gouvernement de la Délivrance sera pourvu de ministres résolus, de fonctionnaires de tout ordre capables, honnêtes et dévoués.

Je vais plus loin : il serait fâcheux que les légitimistes de la veille habitués au maniement des affaires fussent trop nombreux ; on aurait pu fournir une apparence de prétexte à ceux qui représentent la Monarchie comme le triomphe d'un parti. On sera obligé, et je crois qu'on le fera de grand cœur, d'emprunter à tous les partis honnêtes ce qu'ils ont d'hommes marquants, et ainsi se vérifiera le mot du roi : « Je ne veux pas re-« venir pour [régner par un parti..., je puis « choisir partout les ouvriers qui voudront loya-« lement s'associer à ce grand ouvrage » de la fortune de la France à refaire. C'est ainsi encore que s'accomplira la promesse d'un orateur du banquet de Chambord : le jour du triomphe des vieux légitimistes, qui ont maintenu en France, au prix de longues épreuves, la foi monarchique, sera précisément celui où ils se verront *submergés* dans le flot national portant la royauté libératrice.

Je n'ai pas à tracer le programme du Gouvernement de la Délivrance ; ce programme existe, il est connu ; c'est celui qui a été fixé d'une main si ferme par le prince qui n'a jamais menti ; j'en reproduis ici les grandes lignes, comme le contraste le plus éloquent avec l'état de choses actuel :

« Un pouvoir fondé sur l'hérédité, respecté
« dans son principe comme dans son action, sans
« faiblesse comme sans arbitraire ; le gouverne-
« ment représentatif dans sa puissante vitalité ;
« les dépenses publiques sérieusement contrôlées ;
« le règne des lois ; le libre accès de chacun aux
« emplois et aux honneurs ; la liberté religieuse
« et les libertés civiles consacrées et hors d'at-
« teinte ; l'administration intérieure dégagée des
« entraves d'une centralisation excessive ; la
« propriété foncière rendue à la vie et à l'indé-
« pendance par la diminution des charges qui
« pèsent sur elle ; l'agriculture, le commerce et
« l'industrie constamment encouragés, et, au-des-
« sus de tout cela une grande chose : l'honnêteté !
« l'honnêteté, qui n'est pas moins une obligation
« dans la vie publique que dans la vie privée !
« l'honnêteté, qui fait la valeur morale des États
« comme des individus. »

XII

De quel prix paierons-nous la Délivrance ? On pousse malheureusement, dans notre pays, les fautes à leurs extrêmes conséquences, et l'on ne s'arrête jamais la veille des catastrophes. A ceux qui n'en sont point responsables, mais qui les ont signalées, incombe ensuite la rude et ingrate tâche de les réparer. Ce fut une fois déjà dans ce siècle-ci, ce sera demain encore la glorieuse mais cruelle mission de la royauté et des royalistes. Nos amis seront au labeur bien plus qu'aux honneurs. Celui qui écrit ces lignes n'a ni parchemins à faire reluire au soleil d'une monarchie quelconque, ni fortune à mettre à l'abri de la tourmente. Il n'attend aucune faveur royale. Il n'aime que la France, mais il l'aime avec passion. Au milieu des angoisses qui assiègent l'âme des bons ci-

toyens, il se rappelle que l'espérance est un devoir, un devoir viril, un devoir de chrétien ; il
conjure les découragés de relever le front vers
Dieu et de croire encore au salut de la patrie.

Le 25 août, fête de saint Louis, roi de France.

EN VENTE A LA MÊME LIBRAIRIE

La Journée du 30 juin. — Expulsion des Jésuites à Paris et dans les départements, brochure in-18. 0 fr. 20

La Légalité des congrégations non autorisées et la consultation de Mᵉ Rousse, par E. d'Avesne, 3ᵉ édit. brochure in-18 . . . . 0 fr. 15

Les décrets du 29 mars et les devoirs des catholiques. — Discours prononcé le 23 avril 1880 par M. Chesnelong, sénateur, brochure in-18 . . . 0 fr. 15

Les Hommes noirs a travers le monde, par A. Delaire, ancien élève de l'école polytechnique, in-18. 0 fr .15

La Magistrature française entre le 29 juin et le 31 août. — Conférence faite par M. Etienne Récamier, avocat à la cour de Paris, le 22 juillet 1880. 0 fr·10

Radicaux et Cléricaux, par Saint-Genest, brochure in-18 illustrée. . . . . 0 fr. 50

Histoire de la Commune, par Adrien Soisy, 1 vol. in-32, broché. . . . . 0 fr. 25

De 1789 à 1804. Quinze ans de Révolution, 1 vol. in-18, illustré, broché . . . . . 1 fr. 50
Cartonnage toile doré . . . . 2 fr. »

CONSIDÉRATIONS SUR LA FRANCE, par Joseph de Maistre, avec une préface de M. René Bazin, professeur aux Facultés catholiques d'Angers, 1 vol. in-18, caractères elzéviriens, papier vergé.
Prix . . . . 0 fr. 60 cent.